Murillo

SL Bensusan

Writat

Cette édition parue en 2024

ISBN : 9789359949369

Publié par
Writat
email : info@writat.com

Contenu

MURILLO

1618-1682

PLAQUE I.—LA CONCEPTION IMMACULÉE. Frontispice.

(Du Louvre, Paris)

Cette toile très admirée est l'une des nombreuses études du peintre sur un sujet familier. Il existe plus d'une douzaine de tableaux de l'Immaculée Conception dont l'authenticité est incontestable, et il en existe bien d'autres en Espagne, imitations astucieuses et parfois anciennes des manières du maître. Dans ce cas, la figure de la Vierge est un peu trop élaborée , mais le traitement des chérubins qui l'accompagnent est délicieux et la composition très habile .

PLAQUE I.—L'IMMACULÉE CONCEPTION

je

Il y a eu de longues années au cours desquelles le nom de Bartolomé Esteban, connu dans le monde entier sous le nom de Murillo, était évocateur. Velazquez, El Greco, Ribera, Zurburan , Goya furent longtemps incertains dans leur attrait, reconnus seulement par les éclairés de leurs contemporains et ignorés par la grande majorité de leurs compatriotes. Le pendule du goût oscille lentement d'un extrême à l'autre et, à mesure que les humeurs et les besoins des hommes changent, ils jettent leurs idoles dans la poussière, où elles restent jusqu'à ce qu'une autre génération restitue ce qu'elle peut trouver sur les vieux piédestaux. Aujourd'hui, Murillo est tombé de sa position élevée parmi les élus ; ils préfèrent magnifier ses défauts plutôt que de reconnaître ses nombreux mérites, ignorer le splendide service qu'il a rendu à l'art espagnol et l'effet profond de ses tableaux en attirant d'innombrables âmes simples dans les replis protecteurs de l'Église. Les cinquante années de travail dévoué ne comptent pas, l'introspection et la critique qui ont permis au peintre de passer d'un niveau bas à un niveau élevé sont oubliées. Ce n'est pas comme cela devrait être. Bartolomé Esteban Murillo avait ses limites, mais il reste malgré tout l'un des maîtres du monde, et les aperçus de sa vie que l'on peut voir à travers l'ombre de quelque deux cent cinquante ans le révèlent comme un artiste sérieux qui a ajouté à de splendides des dons naturels, une fermeté de détermination, une détermination à faire de son mieux, un amour de l'Andalousie et une dévotion à la religion dans laquelle il a été élevé qui doivent forcer l'admiration des hommes pensants, aussi critiques soient-ils, et permettre à l'artiste de se tenir seul. Dans les premières années de son séjour, il souffrit du pincement de la pauvreté. Il est né au moment où Diego de Silva Velazquez était sur le point d'entamer sa brillante carrière. En fait, Murillo aurait eu environ cinq ans lorsque son grand contemporain a quitté Séville pour Madrid. Peut-être que si nous pouvions voir avec des yeux compréhensifs , nous serions tentés de croire que les artistes les moins distingués jouissaient d'une vie plus heureuse, car Velazquez, à la cour des rois, avait beaucoup à endurer qui ne troublait jamais le jeune homme qui travaillait au service du roi de rois, et peut-être ont-ils eu des visions qui ont allégé les travaux de Beato Angelico dans le couvent des dominicains de Saint-Antoine à Padoue et de Saint-François à Assise. Car les meilleures toiles de Murillo nous murmurent une inspiration, une foi pieuse et un amour débordant pour la « Maria Santissima », et lorsque le peintre au cœur simple a vu que son œuvre faisait honneur aux cathédrales et aux couvents pour lesquels il a travaillé il a dû sentir que son art était en soi une très grande récompense.

PLAQUE II.— LA MENDIANTE

(De la galerie Dulwich)

Nous préférerions appeler ce tableau la Marchande de fleurs, car la jeune fille n'est pas du tout une mendiante. Ses vêtements sont portés avec une certaine élégance, et elle porte des roses qui se vendent facilement à Séville si le vendeur est attrayant et jeune. Murillo nous a donné un type d'Espagnole très charmant et a obtenu des harmonies de couleurs saisissantes .

Planche II.— LA MENDIANTE

Aujourd'hui encore, l'Andalousie est un pays de rêveurs et Séville, malgré ses tramways et ses automobiles électriques, ses casernes et ses auberges cosmopolites, est la ville des rêves *par excellence* . Combien plus encore, il y a trois cents ans, lorsque Murillo était né pour profiter de sa beauté ? À Séville, la richesse n'est qu'un simple accident, même les pauvres peuvent rendre grâce sans réserve mentale pour le don inutile de la vie. La foi fleurit aujourd'hui dans la génération agnostique comme autrefois, mêlée à ce que l'on pourrait considérer comme de la superstition, mais partageant ce défaut avec tous les pays latins. Dans la Cathédrale et la Caridad, sans parler des petites maisons religieuses, les images de Murillo nous rappellent encore que c'est à la religion catholique que le monde doit le culte de la femme. Pour Murillo, Dieu et la Vierge n'étaient pas de pâles abstractions ; c'étaient son père et sa mère, car il avait à peine plus de dix ans lorsque ses parents terrestres furent victimes d'une des épidémies si fréquentes en Europe à une époque où l'hygiène et l'isolement n'étaient pas compris.

Pendant vingt ans, les plus impressionnables de sa vie, Murillo vécut seul. Ceux qui se moquent de son travail à ces débuts ignorent les conditions dans lesquelles il a été réalisé, oublient que le coût de la toile et des pigments constituait un poste très important dans son trésor et que sa récompense était des plus modestes. La richesse ne lui est jamais parvenue jusqu'à ce qu'il ne soit plus tout à fait jeune, mais à mesure que sa situation devenait plus facile, il fit tout ce qu'il avait en lui pour exprimer son message plus complètement et, même si son travail était inlassable, son dernier ouvrage fut son meilleur et comprenait des chefs-d'œuvre. cela peut s'imposer dans n'importe quelle entreprise, même si elle inclut les maîtres devant lesquels artistes et profanes inclinent la tête. Murillo a été dévalorisé par les faussaires et les copistes qui ont réussi à mettre beaucoup de ses défauts et très peu de ses qualités sur leurs toiles précipitées. Chaque marchand de tableaux d'une ville espagnole, quel que soit son prétention, a un ou deux Murillo dont il est prêt à se porter garant, même si la toile dément ses protestations. L'œuvre de l'artiste a été utilisée sans vergogne à des fins publicitaires, elle a payé les plus lourdes pénalités de popularité, et pourtant, un vrai Murillo de la meilleure manière est un tableau vers lequel on peut se tourner encore et encore, pour retrouver au-delà de la conquête des difficultés techniques et des beautés des couleurs , des qualités d'imagination et d'inspiration associées à quelques privilégiés dans chaque branche du travail créatif. On pourrait aller jusqu'à dire que Séville perdrait autant que Madrid si l'on enlevait les Murillos à l'une et les tableaux de Velazquez à l'autre. L'écrivain n'hésiterait pas à le dire si la capitale de l'Andalousie n'avait jamais été dépouillée de ses réserves par les conquérants français de l'Espagne. Ce n'est pas dans les galeries étrangères qu'il faut aller voir l'œuvre d'un grand artiste, mais dans la ville qui fut sa maison, la ville où subsistent les sources de son inspiration et où ses tableaux trouvent un cadre approprié. La transplantation ne sert à rien. Les arbres et les fleurs, les oiseaux et les bêtes d'un pays étranger peuvent survivre dans un climat pour lequel ils n'étaient pas destinés, mais il n'y a rien de plus qu'une croissance arrêtée ; ils ne peuvent pas se rendre justice à eux-mêmes. Franchement et sans réserve, nous admettons que Murillo était presque autant andalou que peintre, mais quand on connaît sa ville et son œuvre là-bas, un beau tableau à la Galerie Nationale ou au Louvre nous ramènera Séville aussi sûrement qu'une mer. -shell ramène le murmure incessant des vagues.

II

LA VIE DE L'ARTISTE

Murillo est venu au monde à la fin de l'année 1617 et a été baptisé dans une église détruite lors de l'invasion française près de deux cents ans plus tard ; le récit de son baptême est conservé aujourd'hui dans l'église Saint-Paul. L'histoire reste muette sur ses premières années, mais les autorités précisent que ses parents étaient parmi les plus pauvres de la ville et qu'il a été élevé dans l'ancien quartier juif, toujours un lieu d'indigence et de souffrance. Selon toute vraisemblance, il parcourait les rues de Triana et d' Arrebola , à peine mieux loti que les garçons mendiants destinés à fournir tant de matière frappante à son pinceau. Lorsque ses parents moururent de la peste qui frappait Séville, le garçon et sa sœur furent adoptés par un oncle qui était un médecin en difficulté. Les temps étaient mauvais malgré l'épidémie ; il y avait probablement plus de demande que de paiement pour des services médicaux de la qualité que Don Juan Lagares pouvait offrir : mais l'habileté de son petit neveu avec le pinceau et le crayon était trop évidente pour passer inaperçue, et Don Juan del Castillo, l'un des principaux peintres de la ville, était incité par le médecin à accepter le garçon comme élève sans paiement de frais.

Dans l'atelier d'un artiste au succès modéré, un élève serait appelé à effectuer un travail subalterne : broyer les couleurs , nettoyer les pinceaux, balayer les sols ; il reprenait ce qu'il pouvait des méthodes du maître quand il n'avait rien d'autre à faire. Ce n'était pas un bon apprentissage pour un débutant dont le jeune talent exigeait la direction d'un homme plus grand, mais les mendiants ne peuvent pas choisir, et sans aucun doute oncle et neveu étaient reconnaissants envers Castillo, qui a peu de droits sur notre mémoire, sauf en sa qualité de maître du grand château de Séville. peintre. Il trouva un élève volontaire dont le travail fut admis dans certaines des maisons religieuses les plus pauvres de la ville alors qu'il n'avait que quinze ans, et les relations entre les deux semblaient avoir été agréables, car Murillo travailla dans l'atelier pendant dix ans ou plus. et recevait probablement une petite rémunération régulière en échange de ses services dès qu'il en avait démontré la valeur. Puis Juan del Castillo s'installe à Cadix et Murillo reste à Séville. À en juger par ses actions au cours des années à venir, il est resté parce que la ville lui était très chère ; il aurait sans doute été utile à son maître, et sans aucun doute la fermeture de l'atelier de Castillo le laissa, à l'âge de vingt-trois ans, dans une situation financière désastreuse. Il avait sa sœur à nourrir, et les moyens pour le faire étaient des plus modestes, car il n'était connu que des frères les plus pauvres de l'Église qui avaient peu de commissions à offrir et très peu à payer pour elles. L'œuvre la mieux payée était entre de bonnes mains et, si aucun haut dignitaire de l'Église de Séville ne savait grand-chose du peintre en difficulté, il faut avouer qu'il n'avait pas fait grand-chose pour attirer ou mériter l'attention. Il était alors un artiste en devenir, et la création était un processus lent et douloureux.

PLAQUE III.— LA SAINTE FAMILLE

(Du Louvre, Paris)

C'est un des chefs-d'œuvre de la collection parisienne, beau tant par la conception que par la coloration et la composition, avec tous les mérites de l'artiste en évidence et la plupart de ses faiblesses qui brillent par leur absence.

PLAQUE III.— LA SAINTE FAMILLE

Sans les moyens de poursuivre des études sérieuses et avec un besoin urgent d'argent, le jeune peintre fut contraint de faire comme le faisaient les membres les plus bas de sa classe, et il réalisa un travail qui n'est pas sans rappeler celui avec lequel les messieurs nécessiteux ornent les coins des rues de notre propre pays. année de grâce. Certes, il n'a pas choisi un emplacement et ne l'a pas décoré de bustes de la famille régnante, du ministre au pouvoir, d'une église, d'un navire à l'ancre et d'un troupeau de moutons dans une tempête de neige, mais il a acheté le tissu le moins cher et le plus grossier qu'il pouvait. je l'ai acheté, découpé, étiré et peint des tableaux pour la Foire.

Au moins une fois par semaine, il y aurait une foire à Triana ou à Macarena, chaque jour y verrait arriver des agriculteurs et des marchands de campagne avec quelque chose à acheter ou à vendre ; et quand le magasin ou la bourse d'un homme était plein, quand il avait bien mangé et était conscient de la joie de vivre, il consentait souvent à devenir mécène des arts en réponse à la pétition de quelque fils du pinceau nécessiteux qui montrait lui une image flamboyante et flamboyante d'une Madone ou d'une Sainte Famille, ou bien il sortit un morceau de tissu de saga intact et lui proposa de peindre un portrait presque aussi vite que le photographe itinérant de la plage de Brighton ou des sables de Margate peut préparer la contrefaçon de sa victime avec à l'aide de plaques de collodion malodorantes. De tels tableaux devaient toujours être achetés à la Feria, même si l'écrivain n'a pas trouvé d'artistes itinérants aux foires de Séville ou de Cordoue ces dernières années - peut-être pourraient-ils gagner plus d'argent en peignant de "véritables Murillos" pour les petits marchands et propriétaires. de magasins qui vendent des biens d'occasion. Sans aucun doute, le jeune peintre était un travailleur rapide, ses dons à cette époque s'exprimaient facilement, et lorsqu'il lui manquait une commande de la part d'un des visiteurs de la Foire, il préparait quelques toiles pour les commerçants qui les envoyaient aux maisons religieuses d'Amérique du Sud. , où l'influence de l'Espagne s'est fait sentir si largement et si fortement. Il n'est pas facile de deviner combien de temps il se serait contenté d'un tel travail, mais après l'avoir suivi pendant environ deux ans, un grand changement survint dans sa vie et, pour la première fois, il fit la connaissance de choses meilleures.

Dans l'atelier ou l'atelier de Juan del Castillo, il s'était lié d'amitié avec un garçon de Grenade, un certain Pedro Moya, qui, en quittant Castillo, semble avoir suivi l'art et la guerre et avoir servi sa terre natale aux Pays-Bas, où il y avait de nombreuses chances pour le soldat de fortune qui avait la chance de traverser indemne le champ sinistré. Le talent de Moya fut stimulé par une rencontre fortuite avec l'œuvre de Van Dyck, et pour étudier ce grand maître, il se retira de l'armée et partit pour Londres, où Van Dyck, alors dans la dernière année de sa vie, l'admit comme élève. Lorsque Van Dyck est décédé, Moya a constaté que son emploi avait disparu, alors il a quitté nos côtes brumeuses pour son Andalousie natale, a élu domicile à Séville et a renoué son amitié avec son vieil ami et camarade d'études. Murillo découvrit bientôt dans le travail de son ami des qualités qu'il n'avait jamais vues auparavant ; ils révélaient la pauvreté de ses propres efforts et le remplissaient d'un désir irrésistible de voyager et d'apprendre. Il était plus facile de ressentir le désir que d'y répondre. L'Italie, alors comme aujourd'hui la Mecque de l'artiste espagnol, était bien hors de sa portée, mais il avait entendu des histoires sur le succès remporté par son compatriote Velazquez à Madrid et pensait que s'il pouvait aller vers lui , il gagnerait un peu des conseils et des instructions dont il avait tant besoin. Avec cette idée, il conclut un accord avec un exportateur de tableaux, qui entretenait un important commerce avec l'Amérique du Sud et s'engageait à peindre un grand nombre d'œuvres à un prix spécial. Travaillant sous haute pression, il exécuta la commande, reçut son salaire, confia sa jeune sœur à des amis et secoua la poussière de la Macarena de ses pieds. Sa route se dirigeait vers le Nord, et une fois dans la capitale de l'Espagne, il se présenta devant Velazquez.

Nous ne savons pas grand-chose de la vie privée et du caractère du plus grand des peintres espagnols, mais le peu que l'on sait est tout à son honneur. Il n'hésita pas à prendre sous sa protection ce garçon brut et mal élevé de vingt-cinq ans, bien que ses seuls droits sur le peintre de la cour fussent son talent et la parenté qu'on peut dire qu'il existe entre deux hommes, l'un distingué. , l'autre inconnu, originaire de la même ville. Ce que Velazquez a fait a été fait à fond. Dès qu'il fut convaincu de la *bonne foi* de son visiteur, il lui donna un logement, examina son œuvre, en signala les défauts, lui procura l'admission dans les galeries royales et lui conseilla de copier les œuvres de Ribera et de Van Dyck. . Ces opportunités étaient toutes nécessaires à Murillo. Il ne pouvait pas voir ou espérer voir Vélasquez très souvent, car le peintre de la cour était un homme dont les loisirs étaient très restreints, mais il s'installa dans son travail et fut pendant deux ans ou plus un copiste assidu qui ne manqua aucune occasion. Velazquez, non content de faire tout ce qu'il pouvait sans aide, avait même montré le travail de son élève à son propre patron, le duc d'Olivares, alors encore au zénith de sa puissance, et, soit directement, soit par l'intermédiaire d'Olivares, l'avait présenté au roi. . Lorsque Velazquez revint de Lérida en 1644, Murillo avait fait de tels progrès que son patron le jugeait tout à fait apte à terminer ses études en Italie et lui offrit les présentations et l'argent nécessaires.

Tous les amoureux de Murillo regretteraient sans doute qu'il ait profité de cette occasion, mais dans les circonstances, il n'est pas tout à fait surprenant qu'il ne l'ait pas fait. Sans doute avait-il entendu Séville appeler pendant tous les jours et toutes les nuits de son séjour en Castille. Madrid n'est pas une ville agréable pour ceux qui connaissent le Sud, et puis aussi le jeune peintre aurait été seul et aurait dû se rappeler que sa sœur, sa seule proche parente, attendrait son retour avec impatience. Il avait beaucoup appris ; il avait peut-être le sentiment que ses dons tels qu'ils étaient lui assureraient une bonne vie dans sa propre ville, peut-être avait-il le sentiment d'avoir assimilé tout ce qu'il pourrait exprimer pendant de nombreuses années à venir. Nous ne pouvons pas dire ce qu'il avait en tête, même si pour ceux d'entre nous qui sont tombés sous le charme de Séville, il n'y a pas beaucoup de difficulté à se faire une opinion à ce sujet, et nous sommes enclins à penser que sa décision a offensé son splendide patron, car le deux grands Sévillans ne se sont jamais revus. Désormais, le domicile de Murillo devait être dans sa ville natale et son travail devait être limité aux commandes que la ville pouvait lui rapporter. Sans aucun doute, il voyageait volontiers vers le Sud pour s'installer sur la Plaza de Alfaro et exposer ses dernières œuvres aux hommes qui pourraient éventuellement devenir ses mécènes. Il avait quitté Séville inconnu et sans distinction, maintenant il avait bénéficié de l'avantage de s'entraîner sous la direction du plus grand Sévillan de tous.

PLAQUE IV.— MADONNE DU ROSAIRE

(De la galerie Dulwich)

La Vierge trône, avec le Saint Enfant sur ses genoux et des chérubins à ses pieds. Son expression est pleine de tristesse. La composition est admirablement pensée et la coloration efficace.

PLAQUE IV.— MADONNE DU ROSAIRE

Il était encore pauvre et sa pauvreté le poussa à accepter une commande mal payée des pères du couvent franciscain pour onze tableaux. Fraîchement sorti d'un long cursus d'études à Madrid, conscient que sa première chance pourrait être la dernière s'il ne faisait pas de son mieux, il se mit au travail et réalisa une série qui enthousiasma la ville. Littéralement, il s'est réveillé un matin pour se retrouver célèbre. Le couvent franciscain fut détruit par un incendie en 1810, mais les tableaux ne furent pas perdus, car le maréchal Soult en avait emporté dix sur onze, et l'autre était passé dans la galerie d'un grand espagnol en route pour ce pays. Les envahisseurs français de l'Espagne étaient des connaisseurs autant que des soldats, et compte tenu de leur *flair,* nous pouvons à l'heure actuelle négliger les lacunes de leur code éthique. Murillo avait rendu célèbre le couvent franciscain ; les franciscains avaient mis leur peintre hors de portée des ennuis monétaires et avaient fixé pour lui les lignes que devait suivre son talent. Le peintre d'un tableau, comme l'écrivain d'un livre ou d'une pièce de théâtre, doit rendre à celui-ci un hommage au succès ; il doit faire le travail que le public recherche. S'il ose se découvrir dans d'autres directions, ses premiers clients se retourneront et le déchireront. Heureusement, toute la tendance de ce talent artistique allait vers la peinture de tableaux sacrés, et dans les années qui suivent, nous ne trouvons guère autre chose de sa main que quelques portraits et un ou deux paysages d'importance mineure.

Le lecteur peut se demander quelle était la qualité particulière de l'œuvre de Murillo qui a suscité un tel attrait auprès de ses compatriotes, et la réponse n'est pas loin de chercher. Jusqu'à présent, les sujets sacrés avaient été traités de la manière la plus peu attrayante. L'art, servante de l'Église, s'était plu à présenter des figures ascétiques aussi éloignées de l'humanité en lutte que les cieux le sont au-dessus de la terre. On y rencontrait de toutes parts des saints et des martyrs, comme s'ils venaient d'échapper à l'emprise de l'Inquisition ; les vertus, la gentillesse et même l'humanité de la vie des saints et des dévots ont été ignorées. Murillo a peuplé sa toile d'une toute nouvelle classe de personnages, aussi humains et aussi fascinants que les Sévillans eux-mêmes. Sur les toiles de Murillo, ses compatriotes ne voyaient plus de longues souffrances du martyre, mais des madones gracieuses , des enfants charmants et des saints qui ne s'étaient pas aigris dans la poursuite de la justice. Ce fut une révélation pour l'Andalousie cette étrange vision nouvelle de la sainteté, ce mélange du ciel avec la terre, cette insistance sur un lien commun qui unissait le saint auréolé au mendiant malade à qui il faisait l'aumône. De plus, les couleurs riches, presque sensuelles , de la nouvelle œuvre étaient une qualité jusqu'alors inconnue à Séville, même si l'on peut se demander pourquoi certains Espagnols d'autres villes, qui étaient peut-être des coloristes chaleureux , n'avaient pas été attirés par Séville, amoureuse du soleil. , où ils auraient pu créer un marché immédiat pour le travail qui répondait à l' humour invariable des gens.

PLAQUE V.—LE GARÇON MENDIANT

(De la galerie Dulwich)

La petite galerie située près du Dulwich College, à environ huit kilomètres des limites de la City de Londres, est riche en œuvres de Murillo. Cette étude d'un garçon mendiant possède plus que l'intérêt créé par le traitement intelligent de l'ombre et de la lumière par l'artiste, le bonheur de la pose et le travail du pinceau habile. Cela révèle la vérité : entre le mendiant d'il y a près de trois cents ans et celui d'aujourd'hui, il n'y a que peu ou pas de différence en Espagne. Vous rencontrerez peut-être aujourd'hui cet enfant dans et autour du pays andalou que le peintre a si bien connu.

PLAQUE V.—LE GARÇON MENDIANT

L'atelier du peintre était désormais peuplé de l' *élite* sévillane, de ces foules qui se rassemblent lorsque le génie a été acclamé par les gens responsables et qu'ils n'ont pas à craindre leur propre goût. Celui qui avait peint *des peintures de la feria* il y a seulement trois ans pouvait désormais choisir ses propres commandes. Il profita au mieux de ses opportunités et, quelques années après que son travail pour les franciscains lui eut donné un bon départ dans la vie, il épousa Dona Beatrice de Cabrera y Sotomayor. Un portrait de la dame par Murillo, dit-on, se trouve dans la collection de Sir J. Stirling-Maxwell, mais, vu à travers une photographie, il n'explique en rien pourquoi le peintre l'a épousée. On peut peut-être se fier au fait qu'elle appartenait à une famille noble et qu'elle possédait de la richesse pour fournir la clé. Ses flatteurs auraient difficilement pu dire qu'elle était attirante. Sur le tableau, elle porte une mantille et une fleur dans les cheveux à la manière des Sévillanes, et semble avoir rarement souffert de bonne humeur, mais si le portrait représente bien la femme du peintre, il est juste d'ajouter que nous n'avons aucune trace suggérant qu'elle était aussi difficile qu'elle le paraît ici. L'hypothèse selon laquelle l'un de ses derniers portraits d'une femme vraiment séduisante représente sa maîtresse n'est pas suffisamment étayée pour nous convaincre.

Jusqu'à l'année de son retour à Séville, l'œuvre du peintre est de peu d'importance et, selon toute vraisemblance, la plus grande partie a été perdue. Dans un pays où les riches étaient mieux préparés à acheter des tableaux qu'à attacher une quelconque importance à ceux qui les peignaient, il est peu probable que les efforts grossiers et immatures du peintre qui cherchait ses mécènes à la Foire hebdomadaire retiennent l'attention. Les critiques de Murillo divisent ses œuvres en trois périodes, la première datant de 1646 à 1652, lorsque ses contours étaient durs et que le fond manquait de profondeur et que la coloration était plus ou moins métallique. S'ensuit une courte période de transition qui dure jusqu'en 1656, lorsque l'individualité derrière le pinceau s'exprime davantage sur la toile et que l'on ne voit plus les joints dans la composition, ni les effets précis par lesquels la palette de couleurs a été assurée. À partir de 1656, on peut dire que Murillo est entré dans son royaume, qu'il a exprimé sa conception de la Sainte Famille et des saints telles qu'elle lui venait à l'esprit, qu'il s'est tenu en dehors des conventions qui l'avaient jusqu'alors enchaîné. Certains estiment que ces changements étaient simplement le résultat d'une étude constante, mais l'auteur est convaincu qu'ils étaient plus que le fruit d'une simple efficacité technique. Le peintre se tournait de plus en plus des choses de la terre vers ce qu'il considérait comme des choses du ciel, sa nature émotionnelle était sensible au cérémonial de l'Église et à la vie de ses plus dignes représentants.

Presque tout son travail a été réalisé, directement ou indirectement, au service de la foi, et il a appris à croire dévotement aux miracles qu'on lui demandait d'exprimer sur toile. C'est alors qu'il chercha à représenter des formes féminines d'une beauté simple mais durable, rendant l'air ambiant lumineux, des anges planant au-dessus des saints, des petits chérubins, dont les pieds n'avaient jamais touché notre terre dure, souriant dans les plis des robes de la Madone.

Peut-être inconsciemment, il faisait ce que les peintres florentins et vénitiens de la Renaissance avaient fait avant lui ; il étudiait la maternité et l'enfance dans les rues autour de lui et les transférait avec un toucher sûr et une main respectueuse sur sa toile. Il n'est donc pas étonnant que son œuvre dans les derniers jours ait touché plus directement que jamais les gens parmi lesquels il vivait, et qu'ils considéraient Murillo comme ils considéraient la cathédrale ou la tour Giralda, comme un monument à leur ville et un monument. instruction à des étrangers. Aujourd'hui encore, dans la ville antique, si l'on veut faire l'éloge d'une œuvre d'art, quelle qu'elle soit, on dit que c'est un Murillo, *c'est-à-dire* un chef-d'œuvre. Peut-être la source de la lutte du peintre nous donne-t-elle aussi la note clé de sa faiblesse. L'Église lui a donné la foi et des mandats, mais elle lui a aussi imposé une certaine attitude guinchée envers ses sujets. Ses anges et ses chérubins venaient des rues autour de sa maison, et on sent parfois qu'ils sont un peu fatigués, un peu intolérants à l'égard de la pose qu'il leur a infligée, et désireux de retourner dans un environnement moins contre nature. Malgré toute sa facilité, il n'avait aucune audace ; il ressentait et prononçait les restrictions imposées par l'Église. Ne lui reprochons pas cela, nous devrions plutôt nous souvenir de sa réussite dans l'humanisation de l'armée céleste plutôt que de son échec à la rendre humaine sans conscience de soi. Seules une formation plus large et une connaissance plus approfondie dans de nombreuses directions auraient pu libérer son pinceau, mais si cela avait été trop libre, il aurait perdu son métier. Il devait y avoir des hommes d'Église zélés qui regardaient de travers nombre de ses tableaux, car la plupart de ces clercs n'auraient guère pu regarder l'art autrement qu'à travers les lunettes étroites de la théologie. Pour estimer la dette que l'art espagnol doit à Murillo, regardons la représentation des sujets qu'il a fait siens par chacun des hommes qui l'ont précédé.

Même si Murillo était tellement préoccupé par l'art sacré et le sentiment religieux que ses peintures pour les maisons religieuses dépassent largement toutes les autres, il s'intéressait avec intelligence à la vie sociale et artistique qui l'entourait. Sa maison est devenue l'un des centres de communion intellectuelle dans une ville qui ne s'est jamais entièrement consacrée aux affaires de l'esprit, et il s'est associé aux dirigeants de la société sévillane dans et hors de l'Église. Les années de disette étaient loin derrière lui, ses tableaux étaient les plus chers de la ville et étaient demandés au-delà de ses frontières, même s'il est extrêmement improbable qu'il ait quitté Séville pour longtemps. Il se peut qu'il soit allé jusqu'à Cadix, avant d'y mourir, mais cela aurait été la limite extrême de ses excursions. De temps en temps, pour se détendre, il peignait un paysage - il y en a un ou deux à Madrid qui n'ont pas encore été expliqués par la critique - et il peignait de temps en temps des portraits, bien qu'il préférait donner à quelque saint les traits qu'il était. demandé d'enregistrer. Sans aucun doute, il estimait que l'Église avait les premiers et derniers droits sur ses services et qu'il n'avait pas le droit de consacrer son temps à des sujets profanes.

PLAQUE VI.— UN GARÇON BUVANT

(De la National Gallery, Londres)

Lorsque Murillo ne s'occupait pas de Vierges, de Saints ou de Martyrs, il aimait se tourner vers les types pittoresques d'enfance qu'il trouvait dans les rues autour de lui. Il a sans doute apporté plus de caractère, plus d'humanité et surtout plus de mouvement dans ses études sur la vie d'enfant que dans ses tableaux sacrés. La National Gallery est l'heureuse propriétaire d'une des études d'enfants les plus réussies du peintre, reproduite ici.

PLAQUE VI.— UN GARÇON BUVANT

À mesure que son influence sociale et ses possibilités d'entretenir des relations avec des contemporains de premier plan augmentaient, il eut l'idée de créer à Séville une Académie publique d'art. Dans la poursuite de cette idée, il aurait reçu les encouragements chaleureux des ecclésiastes qui considéraient l'art comme un secours sûr à la dévotion, et il se peut que leur aide ait largement contribué au succès de la réunion inaugurale tenue à Séville au début du XVIIIe siècle. En 1660, une vingtaine des plus grands peintres d'Andalousie rédigèrent la constitution du nouveau corps et élirent Murillo et le jeune Herrera comme co-présidents. Les étudiants devaient être admis moyennant le paiement de ce qu'ils pouvaient se permettre, et la suggestion selon laquelle l'Église soutenait la nouvelle entreprise est justifiée par le fait que chaque étudiant devait abjurer les grossièretés et professer son orthodoxie en récitant une formule établie. Les présidents consacrèrent tour à tour une semaine à l'Académie, enseignant, critiquant et conseillant, et les jeunes artistes en difficulté de la ville et de ses environs se hâtèrent de profiter de l'occasion d'obtenir des cours et de l'aide. Herrera n'est pas resté fidèle à la tâche qu'il s'était imposée, et sans aucun doute Murillo a trouvé cela ennuyeux, mais l'Académie était dans une large mesure la création de son propre cerveau, et il a fait de son mieux pour y parvenir, assumant le fardeau que son collègue président avait mis de côté. Il est clair qu'il devait posséder un certain talent d' organisation et d'administration ; l'Académie semble avoir prospéré tant qu'il fut capable de diriger ses affaires, mais peu après sa mort ses portes furent fermées. Certains des écrivains espagnols qui ont eu accès à d'anciens papiers et à de la correspondance déclarent que la situation de Murillo était dès le début très difficile, que la jalousie d'hommes plus âgés et moins prospères que lui l'a gêné considérablement et que nombre de ses les efforts les mieux intentionnés ont été contrecarrés. Il n'est pas difficile de comprendre que l'extraordinaire carrière du peintre lui a valu de nombreux détracteurs et que sa position à la tête de l'Académie serait ressentie par les vieux messieurs malheureux qui savaient que l'expérience était observée des plus hautes sphères de l'Académie. Madrid.

Il n'est pas possible ici de se référer en détail à l'œuvre importante exécutée par Murillo au cours des quinze premières années de sa dernière manière. Entreprendre une telle tâche reviendrait à dresser un catalogue qui ne pourrait guère intéresser, sauf pour les quelques amateurs anglais de Murillo, qui connaissent son œuvre à la Galerie Nationale, au Louvre, au Prado, à l'Ermitage et dans les collections publiques et privées de Séville. Qu'il suffise pour le moment de signaler qu'il avait été honoré de commandes de tableaux pour la cathédrale de Séville, autrefois temple de Vénus, et possédant encore aujourd'hui, si l'écrivain a été bien informé, des cachots dans lesquels les officiers de La Sainte Inquisition a exercé sa volonté sur le *corpus vil* des hérétiques. Il décora la Chapelle Royale en l'honneur de la canonisation de saint Ferdinand. Dans la salle capitulaire de la cathédrale se trouvent huit portraits peints en ovale pour le dôme. Tous sont des saints, six hommes et deux femmes, cette dernière étant Sainte Juste et Sainte Rufina, les saintes patronnes de la ville. Au cours des années suivantes, Goya fut invité à peindre Sainte Juste et Sainte Rufina et montra son respect pour leur sainteté en employant deux courtisanes pour asseoir les portraits ; mais c'est une autre histoire, et elle appartient au temps de la guerre de France et de Ferdinand le Désiré. Il existe d'innombrables études du Christ dans la cathédrale, l'une comme un enfant, une autre lors du baptême par saint Jean, une troisième dans laquelle l'enfant Christ apparaît à saint Antoine de Padoue, une autre après la flagellation. Le tableau du Christ et de saint Antoine était probablement l'une des plus belles œuvres du maître, mais il a été vilainement restauré. En règle générale, les messieurs employés en Espagne pour restaurer des chefs-d'œuvre semblent avoir autant de connaissances en art que le sorcier africain en a de l'art de guérir pratiqué par un docteur en médecine londonien. Ce n'est que de temps en temps, lorsqu'on retrouve Murillo à son meilleur dans un tableau qui a défié les assauts du temps, qu'on peut se rendre compte à quel point les cruelles miséricordes du restaurateur ont fait pour obscurcir l'œuvre du peintre. Ils ont accentué l'évidence, transformé le sentiment en sentimentalité et fait perdre aux schémas de couleurs leur raffinement. Si les sonnets de Shakespeare avaient été retrouvés mutilés et restaurés par ce « vrai philosophe », feu Martin Tupper, nous aurions eu en littérature une contrepartie du résultat que nous avons ici en art.

Au-delà de l'œuvre très importante de Murillo dans la cathédrale de Séville, il faut souligner les tableaux qu'il a peints pour l'église de Santa Maria la Blanca, le couvent des Capucins et la Caridad. Un seul d'entre eux, une « Cène », pas à la manière du peintre, y reste aujourd'hui ; mais le splendide tableau semi-circulaire de la Conception, aujourd'hui au Louvre, fut peint pour Santa Maria la Blanca, et y fut accroché jusqu'à ce que le maréchal Soult y jette son regard rapace, mais bien cultivé ; et à l'Académie de San Fernando de Madrid, où sont conservés tant de beaux Goyas , nous pouvons en voir deux autres, « Le Rêve » et « Le sénateur et sa femme devant le pape ». L'histoire présentée est fondée sur la légende d'un sénateur romain et de sa femme, qui, sans enfants, ont juré de léguer leurs richesses à la Vierge. Elle leur apparut en rêve, l'enfant Christ dans ses bras, et leur dit de lui ériger une église sur l'Esquilin, à l'endroit qu'elle indiquait. C'est à ce rêve que l'église Sainte-Marie-Majeure de Rome doit sa fondation. Les deux toiles volées ou annexées par Soult furent restituées en Espagne après sa mort.

PLAQUE VII.— LA NATIVITÉ

(Du Louvre, Paris)

À plusieurs reprises, Murillo a choisi la Nativité comme sujet de ses grandes toiles. Il était toujours sûr d'attirer l'admiration de ses clients par son traitement respectueux d'une scène qui laissait tant à l'imagination de l'artiste. Ses tableaux furent très admirés par les envahisseurs français de l'Espagne, et c'est au maréchal Soult que de nombreux Français durent leur première rencontre avec Murillo.

PLAQUE VII.— LA NATIVITÉ

La Caridad, hôpital bien géré, scrupuleusement propre, clair et aéré, prospère aujourd'hui sur les rives du Guadalquivir, près de la Tour de l'Or, et l'écrivain n'est sans doute qu'un des nombreux qui y ont passé de longues heures. , content d'endurer les images et les sons de la souffrance pour le bien des restes de travail qui ornent encore les murs de l'église et de l'hôpital. Il y aurait bien plus que ce qu'on peut voir aujourd'hui sans les visites de l'infatigable maréchal Soult, qui avait un tel penchant pour l'œuvre du maître que ni la cathédrale ni l'hôpital ne pouvaient la protéger de ses yeux et de ses mains. Il est assez facile d'étudier Murillo dans les galeries publiques, mais il semble plus satisfaisant de voir ses toiles dans les lieux pour lesquels elles ont été peintes, et un intérêt particulier s'attache à l'hôpital de la Caridad, parce qu'il a été fondé par l'un des des hommes qu'une époque de foi pieuse est susceptible de produire de temps en temps – un pécheur désespéré devenu saint. Don Miguel Manara de Calatrava, né quelques années après Murillo, était un homme de plaisir qui gaspillait ses biens dans une vie tumultueuse. Une nuit, alors qu'il revenait d'une débauche, il aperçut un cortège funèbre qui s'approchait de lui, le cercueil ouvert entouré de prêtres portant des flambeaux. "Qui portez-vous dans la tombe ?" » s'écria-t-il, et l'un des prêtres répondit : « Don Miguel Manara ». Très terrifié, le débauché regarda le cadavre et reconnut les traits comme étant les siens. Puis il n'en savait plus jusqu'à ce que le matin se lève et qu'il se retrouve dans une église. S'il avait vécu à cette époque prosaïque, ses amis l'auraient emmené dans une maison de retraite pour bénéficier des bienfaits du bromure et d'une cure de repos, mais il y a deux cent cinquante ans, un homme devait trouver son propre salut. Il l'a fait avec beaucoup de soin, est passé d'un débauché à un dévot et, après un travail infini , a fondé l'hôpital et l'église de la Caridad sur les ruines d'un ancien bâtiment du même caractère. C'est une splendide institution, qui conserve encore aujourd'hui le caractère proposé par son fondateur, dont le visage anxieux et soucieux nous regarde depuis la toile peinte par Juan de Valdés au Cabilda . Murillo a peint dix ou onze tableaux pour l'église de San Jorge attachée à l'hôpital ; il en reste trois : un à Madrid et deux dans la maison de ville du duc de Sutherland. Le « Moïse » est peut-être le meilleur de ceux qui subsistent, mais la Sainte Elisabeth de Hongrie, aujourd'hui à Madrid, est une œuvre maîtresse.

La gratitude pour les faveurs qu'il avait reçues semble avoir été l'une des caractéristiques du peintre et peut être tenue responsable du splendide effort en faveur des franciscains, qui dans les premiers temps avaient donné la commande qui l'avait rendu célèbre. Lorsque les frères firent appel à lui en 1673, il était un homme riche et capable de travailler à moindre coût qu'à l'époque où chaque réal valait la peine d'être économisé. Le couvent, alors situé à la périphérie de la ville, avait mis quarante ans ou plus à être construit. Il lui fallait désormais de la décoration, et les frères ne firent pas appel en vain au plus grand peintre ecclésiastique de l'époque. Nous ne connaissons pas ses honoraires, mais nous savons qu'il a consacré six ans à sa tâche. Plus d'une vingtaine de tableaux témoignent à la fois de son dévouement et de son talent, car ils sont parmi les meilleurs qu'il ait peints, et heureusement la plupart d'entre eux se trouvent dans le salon Murillo du musée de Séville. Les frères de Saint-François, bien qu'ils eussent fait un ou deux échanges du genre de ceux que Glaucus fit avec Diomède, eurent l'intelligence de mettre les toiles qu'ils voulaient conserver hors de portée du maréchal Soult, et le Salon de Trabella abrite *entre autres* les "Saint François au pied de la Croix", "Justa et Rufina", "Saint Thomas de Villanueva" et deux Conceptions. On se souvient que l'édit papal déclarant l'Immaculée de la Mère de Dieu fut publié l'année de la naissance de Murillo, et sans aucun doute de nombreux fervents catholiques croyaient que le peintre avait été donné à l'Espagne en récompense de Philippe IV. grâce aux efforts acharnés de qui le pape Paul V. avait publié son décret capital.

Les tableaux peints pour les franciscains étaient détenus par les contemporains de Murillo pour couronner ses réalisations. Aussi brillant qu'ait été son travail pour la Cathédrale et la Caridad, pour l'hôpital connu sous le nom de Los Venerables et pour l'Église des Augustins , les Franciscains étaient considérés comme les plus chanceux de tous les mécènes du peintre, et ses tableaux donnaient un immense stimulant pour les travaux de l'Église. Les Capucins de Cadix le prièrent de se rendre dans leur ville et de peindre quelques tableaux pour leur maison. Il avait déjà atteint un grand âge et une position assurée, et aucune récompense pécuniaire que les frères capucins avaient à offrir n'aurait pu l'attirer de sa ville natale bien-aimée ; mais la tentation de travailler pour la plus grande gloire de Dieu était irrésistible, et il partit. Ce fut un voyage malheureux. Alors qu'il travaillait sur une photo du mariage de Sainte Catherine, il trébucha en montant sur l'échafaudage et se rompit gravement. Souffrant beaucoup et ne pouvant ou ne voulant décrire avec précision son état, il fut ramené à Séville, et nous pouvons être assurés que le voyage a dû aggraver ses symptômes. Ses enfants et ses amis ont fait tout ce qu'ils pouvaient pour soulager ses souffrances, mais à cette époque de rupture des connaissances élémentaires, la rupture n'était pas facilement diagnostiquée et il n'existait pas non plus de traitement efficace. On raconte que le mourant était transporté chaque jour à l'église de la Sainte-Croix, où il priait à l'ombre de la « Descente » de Campana. Sentant que sa fin était proche, il fit venir toute sa famille et ses amis, et le soir du 3 avril 1682, la fin arriva. Il fut enterré sous la « Descente de croix » de Campana, et ses funérailles furent l'occasion pour toutes les classes de Séville de montrer combien elles respectaient les morts distingués. Il n'a laissé que peu d'argent, bien qu'il possédait quelques biens immobiliers et une précieuse collection d'assiettes et d'images. Par son testament, il laissa des instructions selon lesquelles quatre cents messes devaient être dites pour le repos de son âme – une allocation généreuse sûrement pour quelqu'un dont la vie était singulièrement exempte de reproches. Sa femme était décédée avant lui, mais sa sœur, pour laquelle il avait travaillé dans les premiers temps, a survécu ; elle avait épousé un homme distingué et de noble naissance. Ses enfants étaient deux fils et une fille ; le fils aîné était aux Antilles : le second, qui s'était mis à l'art, mourut avant l'âge mûr.

On trouve peut-être son travail dans toutes les grandes galeries d'aujourd'hui, mais pour connaître intimement Murillo, il faut aller en Espagne, à Séville ou à Madrid, par exemple. La France possède une belle collection, et nombre de celles qui ornent nos collections de la National Gallery, Dulwich et Wallace, sont dignes du peintre. À Rome, Florence, Dresde, Munich, Berlin, Vienne et Saint-Pétersbourg, il est représenté par des œuvres qui demandent de l'attention. Sans doute une grande partie de sa production a été perdue, beaucoup a été restaurée, quelques tableaux restent à découvrir, mais il ne devrait pas être difficile de dresser une liste de 500 tableaux peints par Murillo, la plupart dans le troisième ou " vaporoso ". manière, et peint au cours des vingt-cinq dernières années de sa vie. S'il n'avait pas reçu la commande de Cadix, ou s'il avait refusé de l'accepter, on peut supposer que sa production aurait été considérablement supérieure à ce qu'elle est, car il était en excellente santé, était un travailleur consciencieux et peignait ses plus beaux tableaux. . Il nous a permis de connaître quel genre d'homme il était par les récits de sa vie, par son œuvre et par plusieurs portraits de lui-même qu'il a peints. Deux sont en Angleterre. L'un des peintres dans sa jeunesse fut acheté par Sir Francis Cook lors de la vente Louis Philippe en 1853, et se trouve maintenant à Doughty House ; un autre peint plus tard se trouve dans la célèbre collection de Lord Spencer à Althorp. On dit qu'il y en a d'autres sur le continent ; l'un d'eux, considéré par ceux qui l'ont vu comme le meilleur de tous, se trouvait autrefois au Louvre, mais l'écrivain ne connaît pas son lieu de repos actuel. L'artiste souffre aujourd'hui du fait que Vélasquez était son contemporain et des éloges aveugles de ceux qui l'ont connu pour la première fois au retour de Soult des guerres. Ses panégyristes ignoraient ou ne voyaient jamais sa faiblesse, la pose théâtrale de ses personnages, le sacrifice toujours récurrent de la raison au sentiment, de la force à la joliesse. Ses détracteurs, en revanche, se sont aveuglés sur la beauté de ses conceptions, l'habileté de ses compositions, la qualité exquise de ses couleurs et l'esprit de foi sincère qui empêchait un sujet de devenir galvaudé, même lorsqu'il avait peint. cela une vingtaine de fois. Il s'est répété; si nous ne nous trompons pas , on lui connaît aujourd'hui plus d'une vingtaine de toiles relatant l'histoire de l'Immaculée Conception. L'écrivain en a vu une dizaine ou une douzaine en Espagne et en France, et bien que le traitement soit assez uniforme, chacune a fait l'objet du traitement le plus minutieux de l'artiste ; en effet, c'est pour cette raison que la figure centrale n'a pas le charme que procurent les petits anges qui l'entourent.

PLAQUE VIII.— LE MARIAGE DE LA VIERGE

(De la collection Wallace)

C'est un tableau d'une valeur considérable, plein de charme et très sincèrement ressenti. Comme c'est l'habitude chez Murillo, le regroupement vaut mieux que la coloration , qui a une certaine tendance à la grossièreté, que les limites de la toile ne freinent pas du tout.

PLAQUE VIII.— LE MARIAGE DE LA VIERGE

Murillo devait aimer les petits enfants ; il n'est jamais aussi heureux et libéré de son péché qui consiste à poser des personnages avec raideur que lorsqu'il se tourne vers les plus petits pour s'inspirer. Nous avons plusieurs exemples de cette branche de son art à Londres et dans ses environs. La National Gallery abrite le « Drinking Boy », tandis que Dulwich possède plusieurs groupes d'enfants mendiants et la charmante « Flower Girl ». On peut remarquer en passant qu'il est mille fois dommage que les beautés de la collection Dulwich soient si peu connues du grand public des amateurs d'images. Il est accessible à pied en deux heures depuis la Banque d'Angleterre et est desservi par le bus et le train. Presque tous les Murillos sont des premiers, et le Velazquez (Philippe IV) n'est pas tout à fait au-dessus de tout soupçon, mais la collection est remarquable et tristement négligée par le public. On a souvent reproché aux enfants Murillo de Dulwich de montrer sous un jour très flagrant le péché de pose théâtrale du peintre, mais ceux qui portent cette accusation ont sûrement négligé l'extraordinaire conscience de soi du mendiant espagnol, qu'il soit vieux ou jeune. Pour une fois, Murillo se justifie. Chez les mendiants d'Espagne, les haillons qui ne tiennent ensemble que par la grâce de la Providence se portent comme de la pourpre et du fin lin ; et l'écrivain a vu le paria, dont le seul bien, outre ses haillons, était la cigarette qu'on venait de lui offrir, se pavaner sur une grande route poussiéreuse de campagne comme s'il était un grand du moteur électrique passant parmi les rangs de ses amis du pays. Garez-vous près du Prado lorsque Madrid est en pleine saison. La pose des enfants mendiants est largement justifiée, le grave reproche qu'on fait au peintre est de traiter ses divinités et ses saints comme s'ils n'étaient pas du tout meilleurs que les exquis de Sierpes ou les mendiants de la Macarena. Même ses agneaux sont profondément conscients qu'ils sont assis pour leur portrait et ont décidé que s'ils sont épargnés pour grandir et devenir des moutons , ils seront dignes de leurs pâturages. Le peintre n'avait pas raison en cela, même s'il ne faut jamais oublier, si l'on veut lui rendre justice, que l'Église surveillait tout ce qu'il faisait et lui parlait avec une autorité qu'il eût été le dernier à méconnaître. L'Église catholique est essentiellement spectaculaire dans son culte, et les hauts dignitaires de l'Église du XVIIe siècle n'auraient sûrement jamais laissé Murillo sans réprimande s'il avait présenté ses personnages dans une pose plus simple et sans aucune ostentation dans leur attitude. Dans l'état actuel des choses , il avait rapproché dangereusement la Divinité de la terre.

Toute notre conception du domaine de l'art a changé de manière méconnaissable depuis la vie et la mort de Murillo. L'artiste moderne, qu'il travaille avec de la peinture ou avec des mots, maintient sa moralité et son art distincts l'un de l'autre. L'art, dit-il, ne se préoccupe pas d'une règle de vie, il est essentiellement non moral. Murillo, en revanche, acceptait la théorie selon laquelle l'art est la servante de l'Église et que seule la manipulation du tableau choisi est l'affaire du peintre. En matière de foi, il n'était pas très éloigné de Beato Angelico, et ceux qui aiment comparer les produits d'une époque dans différents pays se rappelleront peut-être que Carlo Dolci, le peintre florentin des vertus cardinales, est né à peu près à la même époque que Murillo. L'Église a fait pour lui en Italie ce qu'elle a fait pour Murillo en Espagne, mais ce dernier artiste était d'une constitution plus sévère et avait infiniment plus d'esprit et de talent que son contemporain florentin. Mais entre la meilleure œuvre de Carlo Dolci et la pire de Murillo, il existe une certaine ressemblance qui permet de se rappeler qu'ils sont nés à moins d'un an d'intervalle et que tous deux se sont produits dans l'avant-dernière décennie du XVIIe siècle.

En conclusion, on peut dire de Murillo que, indépendamment de ses mérites en tant qu'homme, il peut revendiquer l'admiration du critique impartial de tous les temps pour certains de ses plus beaux tableaux. Il y a eu des occasions où il a peint des figures que ni Vélasquez ni Titien n'auraient eu honte de posséder, il y a eu des occasions où ses saints et son Rédempteur ont été exprimés avec une dignité et une retenue exquises. Jugé à la lumière de la critique moderne, son œuvre était inégale, mais cette critique n'a aucune raison de croire que ses arguments auraient pu transmettre quoi que ce soit à Murillo lui-même. L'ensemble de sa production suggère qu'il savait quel était son message et qu'il l'a transmis tel qu'il l'a reçu. Nous pouvons trouver des images dans lesquelles les proportions des personnages sont mauvaises et les contours sont durs et désagréables, il y en a quelques-unes dans lesquelles la palette de couleurs est pauvre et inefficace. Mais si face à ses pires moments on se contente de mettre le meilleur, l'artiste n'a pas grand chose à craindre. Outre la valeur de son travail d'ordre purement artistique, rappelons-nous qu'il a fait sortir la Vierge et l'Enfant du Ciel où ils étaient inaccessibles aux simples citoyens espagnols, sur la terre où ils pouvaient être vus et connus. , par ceux qui marchent dans les ténèbres.

9 789359 949369

Printed at Repro India Ltd.